Tiranossauro Rex

Tyrannosaurus Rex

Aaron Carr

2

Tiranossauro Rex

Tyrannosaurus Rex

Neste livro, você irá aprender

In this book, you will learn

- **o significado do nome** — what its name means
- **sua aparência** — what it looked like
- **onde viveu** — where it lived
- **o que comia** — what it ate
- **e muito mais!** — and much more!

Conheça o tiranossauro rex.
Seu nome significa
"rei dos lagartos".

Meet the Tyrannosaurus rex.
Its name means
"tyrant lizard king."

O tiranossauro rex foi um dos maiores dinossauros do planeta. Ele era maior do que um ônibus.

Tyrannosaurus rex was one of the largest dinosaurs that ever lived. It was bigger than a school bus.

O tiranossauro rex tinha uma boca enorme. Sua mandíbula tinha um metro e meio de comprimento. Ele tinha 60 dentes muito afiados.

Tyrannosaurus rex had a huge mouth. Its jaw was four feet long. It had 60 very sharp teeth.

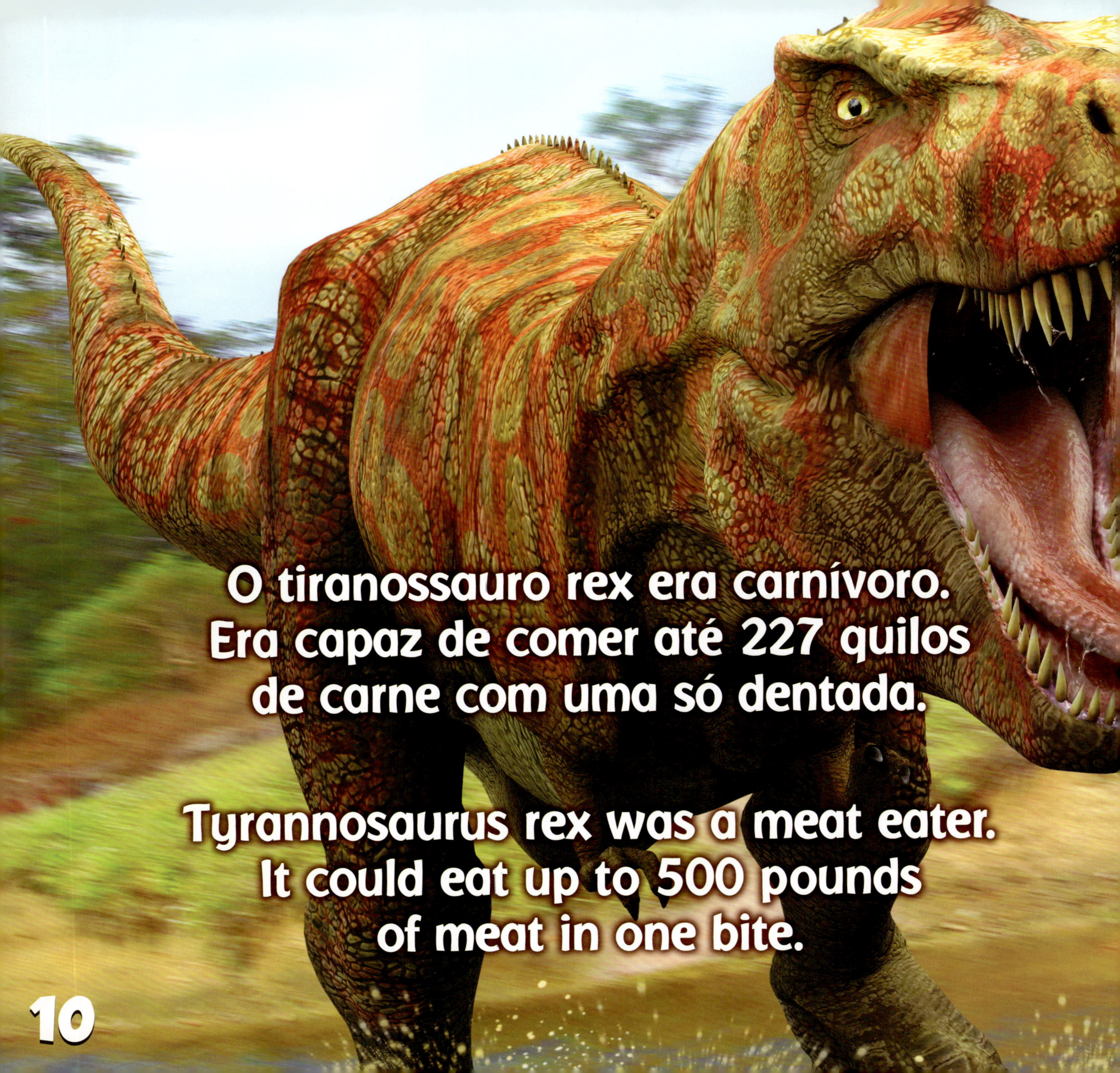

O tiranossauro rex era carnívoro.
Era capaz de comer até 227 quilos
de carne com uma só dentada.

Tyrannosaurus rex was a meat eater.
It could eat up to 500 pounds
of meat in one bite.

O tiranossauro rex tinha braços muito pequenos. Seus braços eram pequenos demais para o ajudar a comer.

Tyrannosaurus rex had very small arms. Its arms were too small to help it eat.

O tiranossauro rex usava suas pernas fortes para se mover rapidamente.

Tyrannosaurus rex used its strong legs to move quickly.

Ele pode ter sido capaz de correr mais de 40 quilômetros por hora.

It may have been able to run more than 25 miles an hour.

O tiranossauro rex vivia em florestas perto de rios e pântanos.

Tyrannosaurus rex lived in forests near rivers and swamps.

Ele vivia em toda a
América do Norte.

It could be found
across North America.

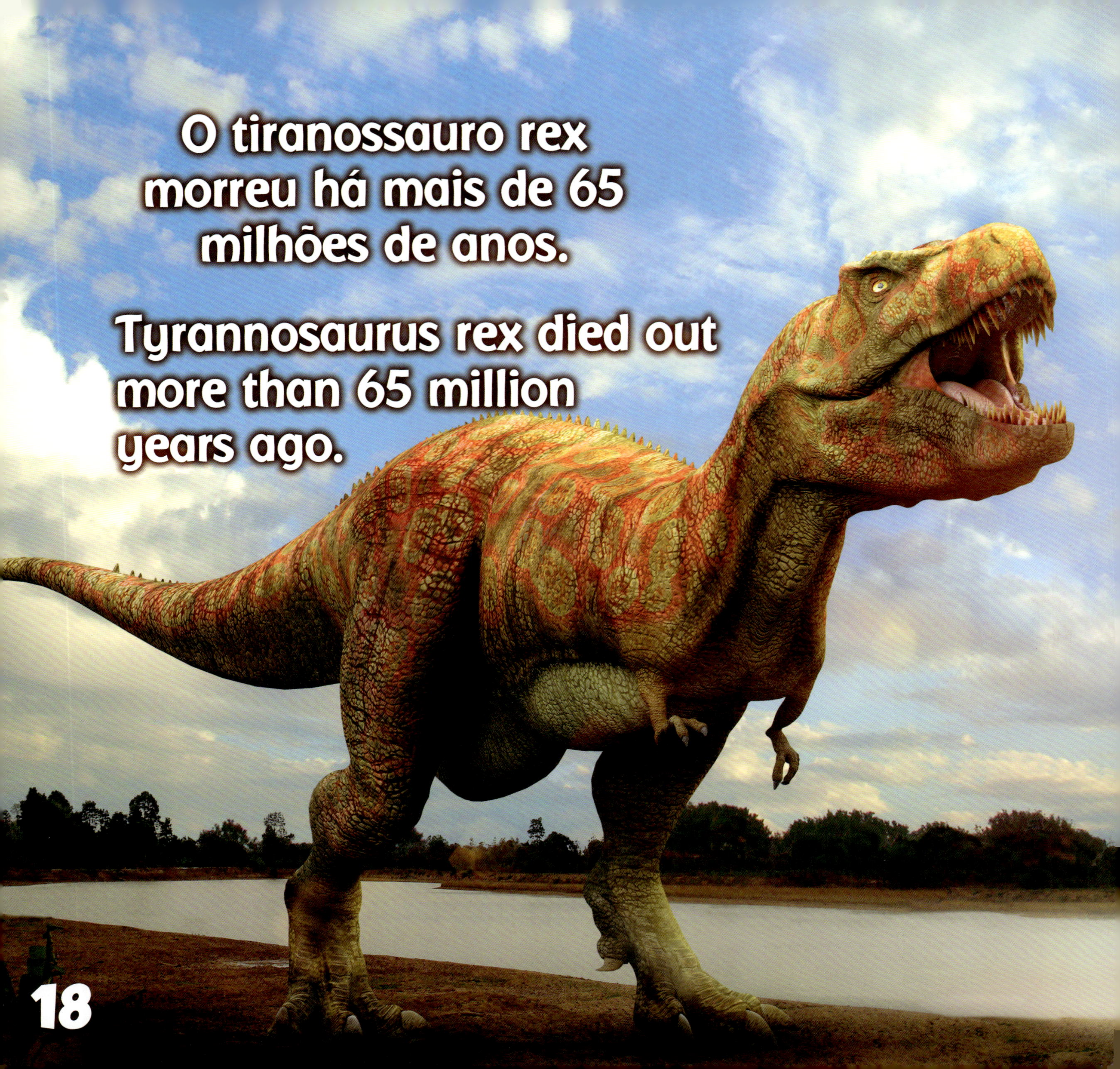

O tiranossauro rex morreu há mais de 65 milhões de anos.

Tyrannosaurus rex died out more than 65 million years ago.

As pessoas conhecem o tiranossauro rex por causa dos fósseis.

People know about Tyrannosaurus rex because of fossils.

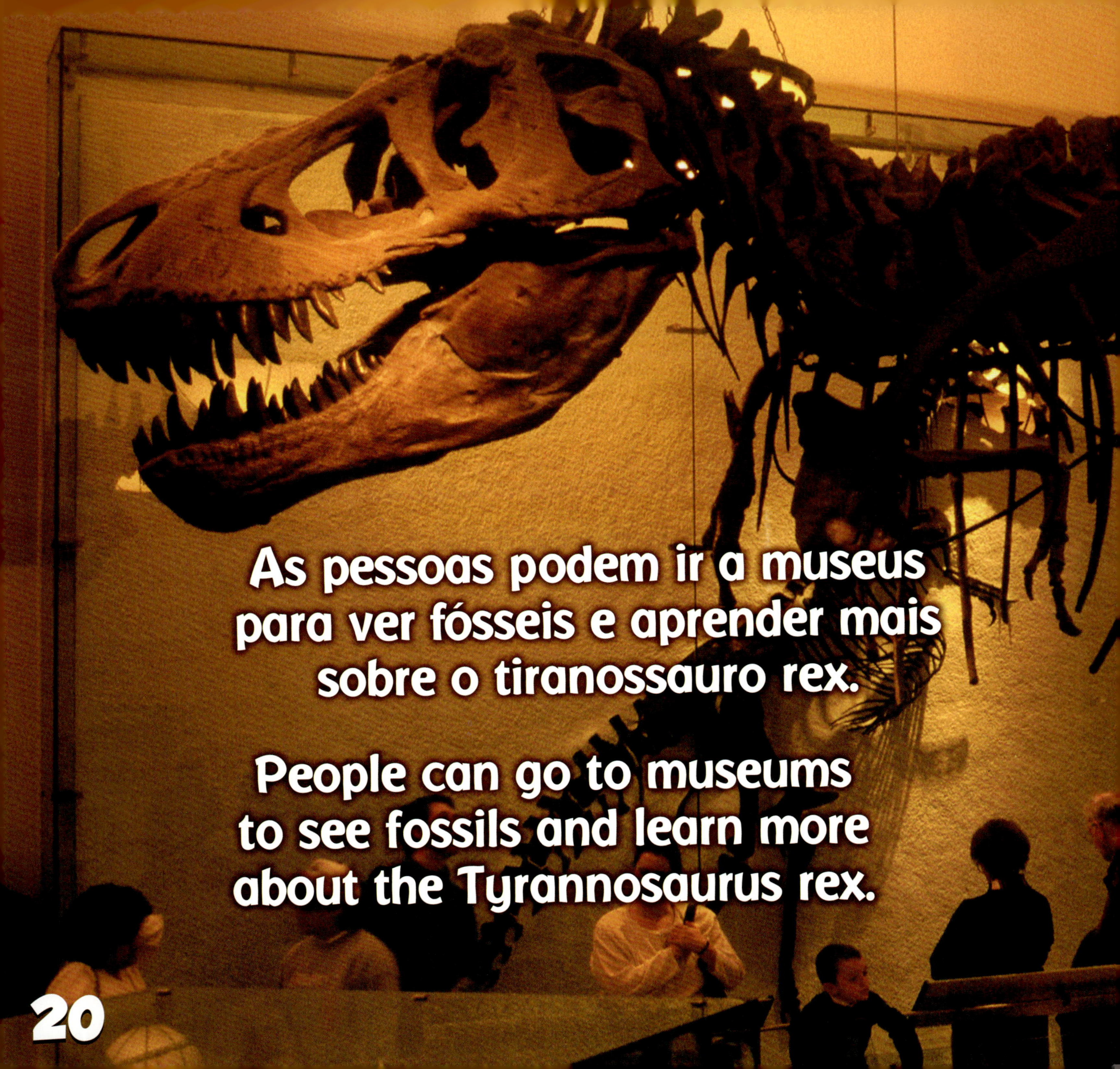

As pessoas podem ir a museus para ver fósseis e aprender mais sobre o tiranossauro rex.

People can go to museums to see fossils and learn more about the Tyrannosaurus rex.

Tiranossauro Rex

Tyrannosaurus Rex

is available in
12 more
bilingual versions.

Arabic

French

Hindi

Korean

Mandarin

Russian

Spanish

Swahili

Tagalog

Ukrainian

Urdu

Vietnamese

Choose your preferred language for a unique reading experience!

Published by Lightbox Learning Inc.
276 5th Avenue, Suite 704 #917
New York, NY 10001
Website: www.openlightbox.com

Library of Congress Control Number: 2024939815

ISBN 979-8-8745-1702-1 (softcover)

Printed in Guangzhou, China
1 2 3 4 5 6 7 8 9 0 28 27 26 25 24

082024
102923

Art Director: Terry Paulhus
Layout: Mandy Christiansen
English Editor: Sara Cucini
Brazilian Portuguese/English Translation: Absolute Translations

The publisher acknowledges John Hughes (pixel-shack.com) and Alamy as the primary image suppliers for this title.